Autor: Raluca Julia Blickling
Copyright © 2023 R. J. Blickling
Adresse: Postfach 8, 85227 Markt Indersdorf
E-Mail: buecher.blickling@betriebsdirektor.de
ISBN: 978-3-911043-06-9

Inhaltsverzeichnis:

Vorwort

Liebe Schülerinnen und Schüler, liebe Eltern,

ich freue mich sehr, euch zu diesem Buch über erfolgreiche Lernmethoden und den Weg zu schulischem Erfolg begrüßen zu dürfen. Als langjährige Nachhilfelehrerin und Bildungsmentorin war es mir ein Herzensanliegen, dieses Buch zu schreiben und meine Erfahrungen mit euch zu teilen.

Der Weg des Lernens ist eine aufregende Reise, die sowohl Herausforderungen als auch unendliche Möglichkeiten mit sich bringt. Wir alle wissen, dass Bildung ein entscheidender Baustein für eine erfolgreiche Zukunft ist, und deshalb ist es so wichtig, die besten Lernmethoden zu finden, die zu euch passen.

Dieses Buch richtet sich sowohl an Schülerinnen und Schüler als auch an ihre Eltern, denn Bildung ist eine gemeinsame Reise. Ihr, die Schülerinnen und Schüler, seid die Hauptdarsteller in eurem eigenen Lernabenteuer. Und euch, liebe Eltern, möchte ich ermutigen, eure Kinder auf diesem Weg bestmöglich zu begleiten. Wir werden uns in diesem Buch mit bewährten Lernstrategien, effektivem Zeitmanagement, der Bewältigung von Prüfungsstress und vielen weiteren Themen befassen. Ihr werdet Tipps und Ratschläge finden, die euch dabei helfen, eure schulischen Ziele zu erreichen und gleichzeitig die Freude am Lernen zu bewahren.

Für die Eltern unter euch: Eure Unterstützung und eure Ermutigung sind von unschätzbarem Wert. Ihr seid die ersten Lehrer und Vorbilder eurer Kinder, und eure Rolle bei der Gestaltung einer positiven Lernumgebung ist von entscheidender Bedeutung.

Gemeinsam werden wir auf eine Reise gehen, die das Lernen nicht nur effektiver, sondern auch aufregender macht. Wir werden die Freude am Entdecken und Wissensteilen erleben und dabei die Einzigartigkeit eines jeden von euch schätzen. Ich möchte euch ermutigen, eure Fragen zu stellen, eure Ziele zu setzen und eure Bildungsreise mit Begeisterung zu verfolgen. Lasst uns gemeinsam die Welt des erfolgreichen Lernens erkunden und eure schulische Reise zu einer spannenden und erfüllenden Erfahrung machen.

Mit herzlichen Grüßen,
 R. J. Blickling

Einführung

Willkommen zu "Erfolgreich Lernen"! Ich bin dein persönlicher Lerncoach und freue mich darauf, dich und deine Eltern auf eine Reise mitzunehmen, bei der wir gemeinsam die Welt des effektiven Lernens erkunden. Dieses Buch ist ein Schatzkoffer voller praktischer Tipps und erprobter Strategien, die dazu beitragen sollen, dein Lernerlebnis zu verbessern und dich auf dem Weg zu deinem schulischen Erfolg zu begleiten.

Lernen ist mehr als nur das Aufnehmen von Informationen; es ist ein Schlüssel zur persönlichen Entwicklung und zur Entfaltung deines Potenzials. In den kommenden Kapiteln werden wir tief in die Gründe eintauchen, warum effektives Lernen so entscheidend ist. Du wirst verstehen, wie sich effektives Lernen nicht nur auf deine schulische Leistung, sondern auch auf dein Selbstvertrauen, deine kognitiven Fähigkeiten und deine Fähigkeit, in vielen Lebensbereichen erfolgreich zu sein, auswirkt.

Wir werden die psychologischen Aspekte des Lernens, die Rolle des Gedächtnisses und die Bedeutung von Motivation und Zielsetzung erkunden. Du wirst Werkzeuge und Techniken kennenlernen, um das Gelernte besser zu behalten, Kreativität und kritisches Denken zu fördern und erfolgreich mit Stress umzugehen.

Dieses Buch richtet sich sowohl an dich als Schüler als auch an deine Eltern. Als dein Lerncoach ist es mein Ziel, dir zu helfen, deine Lerngewohnheiten zu verbessern, Prüfungen erfolgreich zu meistern und letztendlich deine individuellen Fähigkeiten und Talente zu entfalten. Doch auch deine Eltern sind entscheidend für deine Bildungsreise. Deshalb möchte ich ihnen die Werkzeuge und das Verständnis vermitteln, um dich optimal zu unterstützen.

Gemeinsam werden wir eine umfassende Ressource schaffen, die nicht nur dein schulisches Lernen verbessert, sondern auch deine Beziehung zu deinen Eltern stärkt. Wir werden die Herausforderungen, die du in der Schule und im Leben meisterst, verstehen und bewältigen.

Kapitel 1: Motivation

Motivation ist der Antrieb, der unsere Lernreise antreibt und uns hilft, unsere Ziele zu erreichen. Ohne Motivation könnten selbst die besten Ressourcen und Lehrer nicht effektiv sein.

Es gibt zwei Hauptarten der Motivation: intrinsische und extrinsische Motivation. Intrinsische Motivation entspringt unserem eigenen Interesse und der Freude an einer Aufgabe oder einem Ziel. Das ist der Antrieb, der von innen kommt, wenn wir etwas tun, weil wir es gerne tun. Ein Beispiel hierfür ist ein Schüler, der mit Begeisterung liest, nicht weil er auf Belohnungen hofft, sondern weil er echte Freude am Lesen empfindet.

Extrinsische Motivation hingegen wird von äußeren Faktoren angetrieben, wie Belohnungen, Anerkennung oder äußerem Druck. Ein Beispiel wäre ein Schüler, der Hausaufgaben nur erledigt, um eine Belohnung in Form von Taschengeld zu erhalten.

Beide Formen der Motivation haben ihre Vor- und Nachteile. Intrinsische Motivation, die aus persönlichem Interesse entsteht, führt oft zu langfristigem Engagement und besseren Ergebnissen. Extrinsische Motivation kann kurzfristig wirksam sein, birgt jedoch das Risiko, die intrinsische Motivation zu untergraben, da die Handlung nicht mehr aus eigenem Interesse, sondern aufgrund äußerer Anreize erfolgt.

Die Kenntnis dieser beiden Motivationsarten hilft uns, bewusste Entscheidungen darüber zu treffen, wie wir unsere Motivation steigern und unser Verhalten steuern können. Die Psychologie der Motivation ist ein faszinierendes und komplexes Gebiet, das uns dabei unterstützt, unsere eigene Motivation zu verstehen und die Motivation unserer Kinder zu fördern.

WEGE ZUR STEIGERUNG DER LERNMOTIVATION

Motivation ist nicht starr und begrenzt. Du kannst sie beeinflussen und steigern, um besser beim Lernen zu sein. Hier schauen wir uns an, wie du dich für das Lernen besser motivieren kannst.

Klare Ziele setzen

Einer der zentralen Pfeiler der Motivation ist das Setzen klarer Ziele. Diese Ziele sind von entscheidender Bedeutung, da sie dir eine klare Richtung und einen Sinn für Fortschritt geben. Lass uns genauer darauf eingehen, wie du dies umsetzen kannst:

- *Verstehen, warum Ziele wichtig sind:* Bevor wir in die praktischen Schritte eintauchen, ist es entscheidend, zu verstehen, warum das Setzen von klaren Zielen so wichtig ist. Ziele dienen als Leitsterne auf deinem Bildungspfad. Sie helfen dir, fokussiert zu bleiben, deine Bemühungen zu organisieren und deine Motivation aufrechtzuerhalten. Ohne klare Ziele neigt man dazu, sich zu verirren oder den Antrieb zu verlieren.

- *SMART-Ziele setzen:* Eine bewährte Methode, realistische Ziele zu setzen, ist die Verwendung des SMART-Kriteriums. SMART steht für Spezifisch, Messbar, Erreichbar, Relevant und Zeitgebunden. Das bedeutet, dass deine Ziele spezifisch und genau definiert sein sollten (z.B., "Eine bestimmte Note in Mathematik erhalten"), messbar (z.B., anhand von Noten oder Prüfungsergebnissen), erreichbar (realistisch innerhalb deiner Fähigkeiten), relevant für deine Bildungsziele und zeitgebunden (eine festgelegte Frist haben).

•*Langfristige und kurzfristige Ziele:* Deine Bildungsreise umfasst sowohl langfristige als auch kurzfristige Ziele. Langfristige Ziele sind die übergeordneten Ziele, die du in einem größeren Zeitrahmen (z.B., in einem Jahr oder bis zum Schulabschluss) erreichen möchtest. Diese Ziele sind oft diejenigen, die deine Bildungs- und Karriereziele unterstützen. Kurzfristige Ziele sind die Schritte, die du auf dem Weg zu deinen langfristigen Zielen setzt. Sie sind spezifischer und können in einem kürzeren Zeitraum erreicht werden. Das Erreichen von kurzfristigen Zielen gibt dir ein Gefühl des Fortschritts und der Erfüllung, was wiederum deine Motivation steigert.

•*Planung und Umsetzung:* Sobald du deine Ziele festgelegt hast, ist es wichtig, einen Plan zu erstellen, wie du sie erreichen wirst. Dies kann die Aufteilung deiner Ziele in Teilziele und das Festlegen von Maßnahmen zur Erreichung dieser Ziele umfassen. Ein strukturierter Plan hilft dir, auf Kurs zu bleiben und die erforderlichen Schritte zu unternehmen.

• *Verfolgung und Anpassung:* Während du an deinen Zielen arbeitest, ist es wichtig, deine Fortschritte zu verfolgen und bei Bedarf Anpassungen vorzunehmen. Dies ermöglicht es dir, sicherzustellen, dass du auf dem richtigen Weg bist, und dir die Flexibilität zu geben, wenn sich deine Umstände ändern.

•*Belohnungen und Anerkennung:* Vergiss nicht, dich selbst für das Erreichen deiner Ziele zu belohnen und anzuerkennen. Die Feier von Erfolgen, auch kleinen, ist ein wichtiger Anreiz, um motiviert zu bleiben.

Das Setzen klarer, realistischer Ziele ist ein leistungsstarker Weg, um deine Motivation aufrechtzuerhalten und deine Bildungsziele zu erreichen. Es schafft Struktur und Fokus in deinem Lernprozess, was dir hilft, Hindernisse zu überwinden und langfristige Erfolge zu erzielen.

Visionen für deine Zukunft entwickeln

Motivation wird durch eine inspirierende Vision für die Zukunft angetrieben – eine Vorstellung davon, wer du sein möchtest und welchen Beitrag du zur Welt leisten möchtest. Diese Visionen dienen nicht nur dazu, dich zu inspirieren, sondern auch als ständige Erinnerung an den Wert des Lernens und der persönlichen Weiterentwicklung. Sie sind wie Wegweiser, die dich dazu antreiben, hart zu arbeiten, Herausforderungen zu überwinden und deine Bildungsziele mit Begeisterung zu verfolgen. Hier sind die Schritte, wie du eine inspirierende Vision für deine Zukunft entwickeln kannst:

- *Selbstreflexion:* Der erste Schritt bei der Entwicklung einer inspirierenden Vision ist die Selbstreflexion. Du solltest dir Zeit nehmen, um darüber nachzudenken, wer du bist, was dir wichtig ist und wohin du in deiner beruflichen und persönlichen Entwicklung möchtest. Welche Leidenschaften, Werte und Ziele treiben dich an?

- *Konkrete Ziele setzen:* Nach der Selbstreflexion ist es wichtig, konkrete Ziele zu setzen. Diese Ziele sollten sowohl langfristig als auch kurzfristig sein. Sie könnten sich auf deine berufliche Karriere, Bildung, persönliche Entwicklung oder andere Lebensbereiche beziehen. Zum Beispiel könntest du ein langfristiges Ziel setzen, wie "einen Bachelor-Abschluss in meinem gewünschten Studienfach zu erlangen", und kurzfristige Ziele, wie "eine bestimmte Note in meinem nächsten Mathematiktest zu erreichen".

• *Die Macht der Vorstellung nutzen:* Visualisierung ist ein mächtiges Werkzeug, um deine Vision zum Leben zu erwecken. Stelle dir so lebhaft wie möglich vor, wie es ist, deine Ziele zu erreichen. Denke an die Emotionen, die du in diesem Moment erleben würdest. Visualisiere, wie sich dein Leben und deine Umgebung verändern, wenn du deine Vision verwirklichst. Die Vorstellungskraft ist ein Schlüssel, um deine Motivation zu beflügeln.

• *Ein Vision Board erstellen:* Ein Vision Board ist eine kreative Möglichkeit, deine Visionen greifbar zu machen. Sammle Bilder, Zitate und Symbole, die deine Ziele und Wünsche repräsentieren, und erstelle damit ein visuelles Board. Hänge es an einen Ort, den du täglich siehst, um dich immer wieder an deine Vision zu erinnern.

• *Kontinuierliche Anpassung und Fortschritt:* Eine inspirierende Vision ist nicht statisch, sondern entwickelt sich mit dir. Du wirst im Laufe der Zeit neue Erfahrungen machen und Erkenntnisse gewinnen, die deine Vision beeinflussen können. Sei bereit, deine Ziele und Visionen anzupassen, wenn sich deine Prioritäten ändern oder neue Möglichkeiten auftauchen.

• *Teilen und besprechen:* Es kann auch hilfreich sein, deine Vision mit Freunden, Familie oder Mentoren zu teilen. Der Austausch von Ideen und Unterstützung kann dir helfen, deine Vision zu konkretisieren und den Weg dorthin zu planen.

Eine inspirierende Vision für deine Zukunft ist nicht nur eine Quelle der Motivation, sondern auch eine ständige Erinnerung an den Wert des Lernens und der persönlichen Weiterentwicklung. Sie hilft dir, in Zeiten der Herausforderung und des Zweifels standhaft zu bleiben und auf dein langfristiges Ziel hinzuarbeiten. Indem du deine Vision kontinuierlich pflegst und anpasst, legst du den Grundstein für eine erfüllte und erfolgreiche Zukunft.

MOTIVIERT BLEIBEN, AUCH IN STRESSIGEN ZEITEN

In diesem Abschnitt werden wir ausführlich erkunden, wie du selbst in den stressigsten Zeiten motiviert bleiben kannst. Stress und Druck sind oft unvermeidliche Begleiter des schulischen Lebens, können aber auch als Treibstoff für deine Motivation dienen, wenn du die richtigen Strategien anwendest. Hier sind einige Methoden und Techniken, die wir in diesem Abschnitt erörtern werden:

Stressbewältigungstechniken: Die Beherrschung von Stressbewältigungstechniken ist von entscheidender Bedeutung, wenn es darum geht, die Motivation in stressigen Zeiten aufrechtzuerhalten. Stress kann nicht nur das Wohlbefinden beeinträchtigen, sondern auch die Fähigkeit zur Konzentration und zum Lernen negativ beeinflussen. Daher ist es entscheidend, Techniken zur Stressbewältigung zu erlernen und in deinen schulischen Alltag zu integrieren. Hier sind einige dieser Techniken im Detail:

- *Atemübungen:* Das richtige Atmen kann eine unmittelbare Wirkung auf deinen Stresspegel haben. Wenn du gestresst bist, tendierst du oft dazu, flach und schnell zu atmen. Interessanterweise ist diese flache Atmung nicht nur eine Reaktion auf Stress, sondern kann auch den Stress im Körper verstärken. Atemübungen lehren dich, tief und bewusst zu atmen. Eine einfache Übung besteht darin, tief durch die Nase einzuatmen, für einige Sekunden den Atem anzuhalten und dann langsam durch den Mund auszuatmen. Dies kann die Entspannung fördern, Stress reduzieren und deine Motivation wiederbeleben.

- *Meditation:* Meditation ist eine bewährte Methode, um Stress abzubauen und die geistige Klarheit zu fördern. Während der Meditation fokussierst du dich auf den gegenwärtigen Moment, lässt belastende Gedanken los und entspannst dich. Regelmäßige Meditationssitzungen können dazu beitragen, Stress abzubauen, die Konzentration zu steigern und die Motivation aufrechtzuerhalten.

- *Progressive Muskelentspannung:* Diese Methode konzentriert sich auf die Entspannung der Muskeln in deinem Körper. Du spannst nacheinander verschiedene Muskelgruppen an und lässt sie dann los, um eine tiefe Entspannung zu erreichen. Dies hilft nicht nur, körperliche Anspannung abzubauen, sondern auch mentale Ruhe wiederherzustellen.

- *Achtsamkeit:* Achtsamkeit beinhaltet das bewusste Wahrnehmen und Akzeptieren deiner Gedanken und Gefühle, ohne sie zu bewerten oder zu beurteilen. Es hilft dir, im gegenwärtigen Moment zu leben und Stressoren gelassener zu begegnen. Achtsamkeitsübungen, wie das bewusste Essen oder das bewusste Gehen, können dazu beitragen, Stress abzubauen und deine innere Ruhe zu stärken.

Die Anwendung dieser Techniken erfordert Übung und Engagement, aber sie können sehr effektiv sein, um Stress abzubauen und die Motivation aufrechtzuerhalten. Wenn du in der Lage bist, Stress besser zu bewältigen, wirst du dich ruhiger und konzentrierter fühlen, was dir hilft, in stressigen Zeiten effektiver zu lernen und deine schulischen Ziele zu verfolgen. Stressbewältigungstechniken sind somit ein essentielles Werkzeug, um die Balance zwischen schulischem Erfolg und persönlichem Wohlbefinden zu finden.

Zeitmanagement: Ein effektiver Zeitplan ist von großer Bedeutung, um Stress zu reduzieren und gleichzeitig die Motivation aufrechtzuerhalten. Er hilft dabei, Aufgaben zu organisieren, klare Ziele zu setzen und Zeit für Selbstfürsorge zu schaffen. Dies fördert insgesamt eine bessere Work-Life-Balance und steigert die Erfolgsaussichten.

Schritt 1: *Identifiziere feste Verpflichtungen.* Der erste Schritt beim Erstellen eines Zeitplans ist die Identifikation von festen Verpflichtungen, die du nicht ändern kannst. Dies können Unterrichtsstunden, Schulveranstaltungen oder außerschulische Aktivitäten sein.

Schritt 2: *Priorisiere Aufgaben und Studienzeiten.* Nachdem du deine festen Verpflichtungen kennst, füge die Zeitblöcke hinzu, die du für das Lernen und die Erledigung von Aufgaben benötigst. Stelle sicher, dass du die wichtigsten schulischen Aktivitäten priorisierst. (Eisenhower-Matrix)

Schritt 3: *Plane Pausen und Erholungszeiten.* Pausen sind entscheidend, um die Konzentration aufrechtzuerhalten und dich vor Überlastung zu schützen. Füge kurze Pausen in deinen Zeitplan ein, beispielsweise 10-15 Minuten zwischen Lernblöcken. Und vergiss nicht, auch längere Erholungszeiten einzuplanen, wie zum Beispiel einen freien Nachmittag am Wochenende.

Schritt 4: *Berücksichtige persönliche Interessen und Freizeit.* Dein Zeitplan sollte nicht nur schulische Aktivitäten umfassen. Reserviere Zeit für deine persönlichen Interessen und Hobbys, um die Motivation aufrechtzuerhalten. Dies kann eine Stunde für Sport, Musik oder Lesen sein.

Schritt 5: *Sei flexibel und anpassungsfähig.* Das Leben ist manchmal unvorhersehbar. Du musst bereit sein, deinen Zeitplan anzupassen, wenn unerwartete Verpflichtungen auftauchen.

Schritt 6: *Nutze Tools zur Unterstützung.* Es gibt viele Tools, die dir beim Zeitmanagement helfen können. Du kannst einen elektronischen Kalender verwenden, um deine Termine und Aufgaben zu organisieren.

Schritt 7: *Evaluiere und optimiere.* Nimm dir regelmäßig Zeit, um deinen Zeitplan zu überprüfen. Überlege, wie du deine Zeit effektiver nutzen kannst, identifiziere Bereiche, in denen Verbesserungen möglich sind, und optimiere deinen Zeitplan entsprechend.

Ein gut organisierter Zeitplan hilft dir, deine schulischen Ziele zu erreichen, Stress zu reduzieren und gleichzeitig Zeit für persönliche Interessen und Freizeitaktivitäten zu haben. Es ist eine wichtige Fähigkeit, die dir nicht nur in der Schule, sondern auch im späteren Leben nützlich sein wird.

wichtig, aber nicht dringend gründliche Erledigung planen	wichtig und dringend sofort und gründlich erledigen
nicht wichtig, nicht dringend wenn möglich vermeiden, da Zeitverschwendung	nicht wichtig aber dringend wenig Zeit in die Bearbeitung inverstieren

Wichtigkeit → / **Dringlichkeit →**

Eisenhower-Matrix

Die Eisenhower-Matrix kategorisiert Aufgaben in vier Gruppen: dringend und wichtig, nicht dringend, aber wichtig, dringend, aber nicht wichtig, nicht dringend und nicht wichtig. Damit kannst du Aufgaben nach ihrer Priorität sortieren und angemessen handhaben.

Hier ist, was du mit jeder Kategorie machst:

- *Dringend und wichtig:* Diese Aufgaben haben höchste Priorität und sollten sofort erledigt werden. Sie haben einen unmittelbaren Einfluss auf deine Ziele und erfordern deine volle Aufmerksamkeit. Setze sie an die Spitze deiner Aufgabenliste.

- *Nicht dringend, aber wichtig:* Diese Aufgaben sind langfristig wichtig, haben aber keine sofortigen Fristen oder Dringlichkeit. Plane Zeit ein, um sie strategisch anzugehen, damit sie nicht zu dringenden Aufgaben werden. Dies ermöglicht eine langfristige Planung und Vermeidung von Stress.

- *Dringend, aber nicht wichtig:* Diese Aufgaben sind oft Ablenkungen oder Dinge, die von anderen als dringend erachtet werden. Sie lenken dich von wichtigeren Aufgaben ab. Versuche, diese Aufgaben zu minimieren, da sie deine Zeit verschwenden können.

- *Nicht dringend und nicht wichtig*: Diese Aufgaben tragen weder kurzfristig noch langfristig zu deinen Zielen bei. Du solltest versuchen, sie zu eliminieren oder zu reduzieren.

Es ist sinnvoll, deine Zeit und Energie auf Aufgaben zu konzentrieren, die einen Mehrwert bieten. Die Eisenhower-Matrix hilft dir, Aufgaben zu organisieren und entsprechend ihrer Priorität zu handhaben, was dir bei der effektiven Nutzung deiner Zeit und dem Stressmanagement hilft.

Pomodoro-Technik

Oftmals stolpern Schüler über Aufgaben, die dringend erscheinen, aber nicht unbedingt wichtig für ihren schulischen Erfolg sind. Diese Aufgaben können als Ablenkungen dienen oder von anderen als dringend erachtet werden.

Zum Beispiel könnten ständige Benachrichtigungen auf dem Handy oder soziale Medien während des Lernens oder der Hausaufgaben drängend erscheinen, aber sie lenken dich von den wichtigen schulischen Aufgaben ab.

Eine hilfreiche Technik, um diese Ablenkungen zu bewältigen, ist die Pomodoro-Technik.

Hierbei unterteilst du deine Lern- oder Aufgabenzeit in kurze, intensive Arbeitsphasen (typischerweise 25 Minuten) und gibst dir dann eine kurze Pause (etwa 5 Minuten).

Während dieser intensiven Arbeitsphasen fokussierst du dich ausschließlich auf die wichtigen Aufgaben, ohne von unwichtigen Dingen abgelenkt zu werden. In den Pausen kannst du dringende, aber nicht wichtige Dinge wie Nachrichten oder soziale Medien überprüfen.

Dies hilft, die Konzentration aufrechtzuerhalten und dennoch Raum für Ablenkungen zu schaffen, ohne die Produktivität zu beeinträchtigen.

Die Pomodoro-Technik kann Schülern helfen, sich besser auf ihre schulischen Aufgaben zu konzentrieren, indem sie klare Arbeitsintervalle schaffen und gleichzeitig Zeit für dringende, aber nicht unbedingt wichtige Aktivitäten einplanen.

Die richtige Lernumgebung schaffen

Die Schaffung der idealen Lernumgebung ist ein entscheidender Faktor, um erfolgreiches Lernen zu fördern. Egal, ob du zu Hause, in der Bibliothek, einem Café oder an anderen Orten lernst, die Wahl deiner Lernumgebung kann erheblichen Einfluss auf deine Konzentration und Produktivität haben. Hier erfährst du, wie du eine optimale Lernumgebung gestaltest:

- *Ruhige Umgebung:* Ein ruhiger Ort ist essentiell, um Ablenkungen zu minimieren. Die Stille ermöglicht es dir, dich auf deine Lernaufgaben zu konzentrieren, ohne durch laute Geräusche oder Gespräche abgelenkt zu werden. Wenn es zu Hause zu laut ist, kannst du Ohrstöpsel verwenden oder in eine Bibliothek gehen, wo Stille oft Vorschrift ist.

- *Gut beleuchtete Räume:* Die Beleuchtung spielt eine wichtige Rolle. Ein gut beleuchteter Raum verhindert, dass du dich beim Lesen oder Schreiben anstrengen musst. Natürliches Tageslicht ist ideal, aber falls das nicht möglich ist, sorge für eine ausreichende künstliche Beleuchtung.

- *Organisation und Ordnung:* Ein aufgeräumter Arbeitsplatz fördert die Konzentration. Unordnung kann ablenken und Stress verursachen. Stelle sicher, dass dein Lernraum sauber und organisiert ist, damit du dich auf die Aufgaben konzentrieren kannst.

- *Bequeme Sitzgelegenheiten:* Du wirst längere Zeit in deinem Lernraum verbringen, also ist ein bequemer Stuhl oder Sitz wichtig. Eine ergonomische Sitzposition fördert die Lernproduktivität und verhindert körperliche Beschwerden.

- *Technologie und Hilfsmittel:* Stelle sicher, dass du Zugriff auf die notwendige Technologie und Lernmaterialien hast. Dies schließt Computer, Internetverbindung, Bücher, Notizblöcke und Schreibutensilien ein.

- *Entfernung von Ablenkungen:* Identifiziere potenzielle Ablenkungen in deiner Lernumgebung und entferne sie. Dies können das Handy, soziale Medien oder ein laufender Fernseher sein. Wenn du sie nicht vollständig abschalten kannst, versuche, spezielle Zeiten für Pausen und Ablenkungen einzuplanen.

Die Gestaltung deiner Lernumgebung ist individuell. Was für eine Person funktioniert, muss nicht zwangsläufig für eine andere gelten. Experimentiere und finde heraus, welche Bedingungen am besten zu deinem Lernstil passen. Indem du eine optimale Lernumgebung schaffst, kannst du Ablenkungen minimieren, deine Konzentration steigern und effektiver lernen.

Zeitdiebe identifizieren und reduzieren

Stressige Zeiten können oft dazu führen, dass wir unsere wertvolle Zeit an Zeitdiebe verschwenden. Zeitdiebe sind Ablenkungen oder Tätigkeiten, die uns davon abhalten, produktiv zu arbeiten. Die Identifizierung und Reduzierung von

Zeitdieben ist entscheidend, um unsere Zeit effizienter zu nutzen. Hier sind einige Strategien, wie du Zeitdiebe erkennen und minimieren kannst:

- *Selbstreflexion:* Mache dir bewusst, wie du deine Zeit verbringst. Notiere über einen Zeitraum von einigen Tagen, wie du deine Stunden aufteilst. Dies ermöglicht es dir, Muster und Zeiträuber zu erkennen.

- *Priorisierung:* Setze klare Prioritäten für deine Aufgaben. Identifiziere die wichtigsten und dringendsten Aufgaben und widme diesen deine volle Aufmerksamkeit.

- *Zeitmanagement-Tools*: Nutze Zeitmanagement-Tools, wie To-Do-Listen, Zeitpläne und Apps, um deine Aufgaben zu organisieren und die Zeit effizient zu nutzen.

- *Selbstdisziplin:* Übe Selbstdisziplin, um Ablenkungen zu vermeiden. Dies kann bedeuten, dass du deine sozialen Medien ausschaltest, das Handy in den Flugmodus versetzt oder Internetseiten blockierst, die deine Aufmerksamkeit ablenken.

- *Pausen:* Plane bewusste Pausen ein, um zu entspannen und Energie zu tanken. Diese Pausen sollten bewusst geplant und zeitlich begrenzt werden.

Die Umsetzung eines gut durchdachten Zeitmanagements ist entscheidend, um Stress zu minimieren und die Motivation aufrechtzuerhalten. Ein strukturierter Zeitplan ermöglicht es dir, deine schulischen Aufgaben effizient zu erledigen, ohne dich zu überlasten, und gibt dir die notwendige Zeit für Erholung und

Freizeit. Damit kannst du den Schulalltag besser bewältigen und gleichzeitig deine Motivation steigern.

Kapitel 2: LERNEN VERSTEHEN

UNTERSCHIEDE ZWISCHEN AUSWENDIGLERNEN UND VERSTEHEN

Um die Bedeutung dieses Themas zu unterstreichen, lass uns zunächst verstehen, warum es so entscheidend ist.

Das Auswendiglernen und das Verstehen repräsentieren zwei grundverschiedene Herangehensweisen an das Lernen. Sie sind wie zwei verschiedene Pfade im Wald des Wissens. Deine Wahl, welchen Pfad du beschreitest, wird erhebliche Auswirkungen auf deine Bildung und dein Verständnis haben.

Es ist von grundlegender Bedeutung zu begreifen, dass diese beiden Ansätze nicht einfach zwei Seiten derselben Münze sind. Das reine Auswendiglernen beinhaltet das Wiederholen von Fakten, ohne tiefgehendes Verständnis. Es ist wie das Malen nach Zahlen, bei dem du die Anweisungen befolgst, ohne die Bedeutung dahinter zu erfassen. Im Gegensatz dazu geht es beim Verstehen um das Ergründen der Tiefe und Breite eines Themas. Es ermöglicht es dir, Wissen in verschiedenen Kontexten anzuwenden und tiefgehende Einblicke zu gewinnen.

Das Auswendiglernen mag kurzfristig in bestimmten Situationen nützlich sein, aber es führt oft dazu, dass Informationen nach Prüfungen vergessen werden. Das Verstehen hingegen schafft eine solide Grundlage, auf der du weiter aufbauen kannst. Du wirst in der Lage sein, Wissen zu behalten und es in verschiedenen Situationen anzuwenden. Das Verstehen eröffnet die Tür zu kreativem Denken und Problemlösung. Dies bedeutet, dass du in der Lage sein wirst, Informationen nicht nur passiv aufzunehmen, sondern auch aktiv zu nutzen, um neue Ideen zu generieren und komplexe Probleme zu lösen. Verständnis ermöglicht es dir, über das bloße Auswendiglernen hinauszugehen und ein tieferes Wissen zu entwickeln, das in verschiedenen Lebenssituationen von großem Nutzen sein kann.

Nun, da wir die Bedeutung des Verstehens erkannt haben, ist es an der Zeit, praktische Schritte zu unternehmen, um diese Fähigkeit zu entwickeln. In den kommenden Abschnitten werden wir tief in die Welt des Verstehens eintauchen.

VERSCHIEDENE LERNSTILE

Menschen lernen auf unterschiedliche Weisen, und die Erkenntnis, welcher Lernstil am besten zu dir passt, kann entscheidend für deine Motivation und deinen Lernerfolg sein. Hier werde ich detailliert auf verschiedene Lernstile und Techniken eingehen, damit du den Ansatz finden kannst, der am besten zu dir passt:

Visueller Lernstil:

Wenn du ein visueller Lerntyp bist, ziehst du es wahrscheinlich vor, Informationen in Form von Grafiken, Diagrammen, Karten oder Texten zu sehen. Du könntest Mind Maps erstellen, Farbcodierungen verwenden oder Abbildungen nutzen, um Konzepte zu verstehen. Tipp: Achte auf visuelle Darstellungen in Lehrmaterialien und erstelle deine eigenen visuellen Hilfsmittel, um das Gelernte besser zu erfassen.

Auditiver Lernstil:

Auditive Lerner bevorzugen das Hören von Informationen. Sie könnten Vorlesungen, Podcasts oder Diskussionen nutzen, um Konzepte zu verstehen. Das Erklären von Konzepten in eigenen Worten kann auch eine wirksame Methode sein. Tipp: Suche nach Hörbüchern, Podcasts oder Diskussionsgruppen, die das Gelernte vertiefen, und sei aktiv am Gespräch beteiligt.

Kommunikativer Lernstil:

Kommunikative Lerner lernen am besten, wenn sie mit anderen interagieren. Gruppenarbeit, Diskussionen und Erklärungen an Mitschüler sind wirksame Techniken. Tipp: Suche nach Gelegenheiten, um in Gruppen oder mit einem Studienpartner zu lernen. Diskutiere Themen, um sie zu vertiefen.

Lesen/Schreiben Lernstil:

Dieser Lernstil umfasst das Lesen und Schreiben von Informationen. Du könntest Notizen machen, Zusammenfassungen schreiben oder in Textform lernen. Tipp: Nutze verschiedene schriftliche Techniken, wie das Erstellen von Spickzetteln oder das Verfassen von eigenen Erläuterungen zu Lehrinhalten.

Kinästhetischer Lernstil:

Kinästhetische Lerner bevorzugen praktische Erfahrungen und das praktische Tun. Du könntest Experimente durchführen, Probleme aktiv lösen oder Simulationen verwenden, um Konzepte zu begreifen. Tipp: Suche nach praktischen Beispielen oder Anwendungen des Gelernten, die es dir ermöglichen, es selbst auszuprobieren.

Multimodaler Lernstil:

Viele Menschen haben eine Mischung aus Lernstilen. Es ist wichtig, verschiedene Ansätze auszuprobieren und herauszufinden, welche Kombination am besten für dich funktioniert. Das kann bedeuten, visuelle Darstellungen mit dem Hören von Vorträgen zu kombinieren oder schriftliche Notizen mit praktischem Tun zu verknüpfen. Tipp: Experimentiere mit verschiedenen Lernmethoden und finde heraus, welche Kombination am effektivsten ist.

Die Erkenntnis deines bevorzugten Lernstils und die Anpassung deiner Lernmethoden können dazu beitragen, dass du das Gelernte besser verstehst und mehr Motivation beim Lernen verspürst. Es ist auch wichtig zu beachten, dass Lernstile nicht starr sind und sich im Laufe der Zeit ändern können. Experimentiere mit verschiedenen Techniken, um herauszufinden, was am besten für dich funktioniert, und sei offen für Anpassungen, wenn sich deine Präferenzen entwickeln.

Es gibt verschiedene Tests und Fragebögen, die entwickelt wurden, um den bevorzugten Lernstil einer Person zu ermitteln. Diese Tests können hilfreich sein, um dir einen Einblick in deine Präferenzen beim Lernen zu geben. Ein bekannter Test ist der "VARK"-Test, der von Neil D. Fleming entwickelt wurde. "VARK" steht für "Visual, Auditory, Reading/Writing, and Kinesthetic" und deckt die wichtigsten Lernstile ab.

Es ist wichtig zu beachten, dass dieser Test und ähnliche Tests eine grobe Orientierung bieten, aber nicht in Stein gemeißelt sind. Menschen können verschiedene Lernstile in unterschiedlichen Situationen und für verschiedene Themen bevorzugen. Daher ist es sinnvoll, verschiedene Lernmethoden auszuprobieren und herauszufinden, welche für dich am besten funktionieren.

PRAKTISCHE TIPPS ZUR FÖRDERUNG DES VERSTÄNDNISSES

Als nächstes werden wir Methoden und Techniken erkunden, um komplexe Themen zu entschlüsseln und Zusammenhänge zu erkennen.

- *Aktives Zuhören und Notizen:* Aktives Zuhören ist ein Schlüssel zum Verständnis. Wenn du Informationen präsentiert bekommst, sei aufmerksam und stelle Fragen, um Unklarheiten zu klären. Notiere wichtige Punkte und Schlüsselbegriffe. Das Aufschreiben von Notizen hilft, den Fokus zu behalten und das Verständnis zu vertiefen. Du kannst auch eine Methode wie das Cornell-Notizsystem verwenden, um deine Notizen effektiver zu strukturieren.

- *Erklären und Diskutieren:* Erklären oder diskutieren Sie die gelernten Konzepte mit anderen. Indem du versuchst, Informationen in deinen eigenen Worten zu vermitteln, zwingst du dich, das Verstandene zu organisieren und klar auszudrücken. Diskussionen mit anderen eröffnen verschiedene Perspektiven und fördern ein tieferes Verständnis.

- *Visuelle Hilfsmittel nutzen:* Grafiken, Diagramme und Mind Maps sind mächtige Werkzeuge, um Informationen visuell darzustellen. Sie können komplexe Themen übersichtlicher machen und dir helfen, Zusammenhänge zu erkennen. Wenn es möglich ist, erstelle selbst Visualisierungen, um das Verständnis zu vertiefen.

- *Beispiele und Anwendungen suchen:* Suche nach realen Beispielen und Anwendungen für die behandelten Konzepte. Praktische Beispiele helfen oft dabei, abstrakte Ideen greifbarer zu machen. Finde Fallstudien, Experimente oder Anwendungen in der realen Welt, die die Theorie veranschaulichen.

- *Fragen stellen und nachforschen:* Wenn du auf Unklarheiten oder Schwierigkeiten stößt, zögere nicht, Fragen zu stellen. Die Suche nach Antworten auf Fragen kann das Verständnis vertiefen. Recherchiere, um mehr Informationen zu sammeln und tiefer in ein Thema einzusteigen.

- *Selbsterklärung:* Versuche, den Inhalt in eigenen Worten zu erklären. Wenn du in der Lage bist, ein Konzept in deinen eigenen

Formulierungen zu vermitteln, zeigt das, dass du es wirklich verstanden hast. Du kannst dies schriftlich oder mündlich tun.

- *Wiederholung und Übung:* Verstehen erfordert oft Wiederholung. Gehe mehrmals über die Informationen, um sicherzustellen, dass du sie wirklich verinnerlicht hast. Übungsaufgaben und Praxisanwendungen sind ebenfalls effektive Wege, um das Verständnis zu vertiefen.

- *Multisensorisches Lernen:* Nutze verschiedene Sinne, um das Verständnis zu fördern. Wenn möglich, kombiniere das Lesen mit dem Hören, das Ansehen von Visualisierungen und praktischem Handeln. Das Einbeziehen mehrerer Sinne kann dazu beitragen, Informationen besser zu verankern.

- *Geduld und Ausdauer:* Das Verstehen komplexer Themen kann Zeit in Anspruch nehmen. Sei geduldig mit dir selbst und erwarte nicht, dass du alles auf einmal verstehst. Es ist normal, dass tiefes Verständnis schrittweise entwickelt wird.

- *Selbstreflexion:* Reflektiere regelmäßig über das Gelernte und wie es in den größeren Kontext deines Wissens passt. Frage dich, wie neue Informationen mit bestehendem Wissen in Beziehung stehen.

Indem du diese praktischen Tipps anwendest und in deinen Lernprozess integrierst, wirst du in der Lage sein, ein tieferes Verständnis für die behandelten Themen zu entwickeln und effektiver zu lernen.

Kapitel 3: Lernstrategien

Entdecke verschiedene Lernmethoden und -techniken Die Welt des Lernens bietet eine Vielzahl von Ansätzen und Techniken, die dir dabei helfen können, Wissen zu erwerben und zu festigen. In diesem Kapitel laden wir dich ein, einige dieser Methoden und Techniken zu erkunden. Sie sind wie Werkzeuge in deinem Werkzeugkasten, die dir helfen können, besser zu lernen und erfolgreich zu sein. Wir werden verschiedene Möglichkeiten durchgehen, um dir ein breites Verständnis für die Vielfalt des Lernens zu vermitteln.

DER KLASSIKER: MINDMAP-BASIERTES LERNEN

Mindmaps sind ein bewährtes Werkzeug, um komplexe Informationen übersichtlich zu strukturieren. Wir werden in diesem Kapitel erkunden, wie du diese visuelle Technik nutzen kannst, um Zusammenhänge zu erkennen, Ideen zu verknüpfen und Wissen effizient zu organisieren. Mindmaps sind ein äußerst nützliches Werkzeug, um komplexe Informationen übersichtlich zu strukturieren. Hier sind detaillierte Schritte, wie du Mindmaps effektiv erstellen und verwenden kannst:

- Schritt 1: *Wähle ein Thema:* Beginne, indem du das Thema auswählst, das du visualisieren möchtest. Es kann ein Konzept, eine Idee, ein Projekt oder eine Aufgabe sein.

- Schritt 2: *Bestimme das Hauptthema:* In der Mitte deiner Mindmap platzierst du das Hauptthema. Dies wird der Ausgangspunkt für deine gesamte Visualisierung sein.

- Schritt 3: *Hauptzweige erstellen:* Von diesem Hauptthema aus erstellst du Hauptzweige, die die Hauptkategorien oder Schlüsselthemen darstellen. Diese Zweige strahlen wie Äste von einem Baum aus.

- Schritt 4: *Unterzweige hinzufügen:* An jedem Hauptzweig fügst du Unterzweige hinzu, um weitere Details und Unterkategorien darzustellen. Diese Unterzweige können sich weiter verzweigen, je nachdem, wie detailliert du die Informationen visualisieren möchtest.

- Schritt 5: *Verwendung von Schlüsselwörtern und Bildern:* Statt lange Sätze zu schreiben, verwende Schlüsselwörter, Symbole und Bilder, um die Informationen auf den Zweigen zu repräsentieren. Dies macht die Mindmap übersichtlich und leicht verständlich.

- Schritt 6: *Farbcodierung:* Verwende verschiedene Farben, um Themen oder Ideen zu kennzeichnen. Die Farbcodierung kann dabei helfen, Zusammenhänge zwischen verschiedenen Teilen der Mindmap herzustellen.

- Schritt 7: *Verknüpfungen herstellen*: Zeichne Linien oder Pfeile, um Verknüpfungen und Beziehungen zwischen verschiedenen Teilen der Mindmap darzustellen. Dies zeigt, wie die Informationen miteinander in Verbindung stehen.

- Schritt 8: *Symmetrie und Ausgewogenheit:* Versuche, deine Mindmap symmetrisch und ausgewogen zu gestalten, um die Ästhetik und die Lesbarkeit zu verbessern.

- Schritt 9: *Aktualisierung und Anpassung:* Mindmaps sind flexibel und können bei Bedarf aktualisiert und angepasst werden. Wenn du neue Informationen erhältst oder deine Sicht auf das Thema sich ändert, kannst du deine Mindmap entsprechend aktualisieren.

Du kannst Mindmaps für verschiedene Zwecke verwenden, einschließlich der Strukturierung von Lerninhalten, der Planung von Projekten, der Ideenfindung und der Entscheidungsfindung. Mindmaps sind eine effektive Methode, um Informationen zu organisieren und visuell darzustellen. Sie erleichtern das Verständnis komplexer Themen und die Identifizierung von Zusammenhängen. Durch die visuelle Darstellung kannst du Informationen leichter behalten und gezielt darauf zugreifen. Es ist eine wertvolle Technik, die in verschiedenen Bildungsbereichen eingesetzt werden kann.

DIE KRAFT DER KARTEN: FLASHCARDS IM LERNPROZESS

Flashcards sind kleine Karten, die für das Lernen und die Wissensüberprüfung verwendet werden. Auf einer Seite der Karte steht eine Frage, auf der anderen Seite befindet sich die Antwort. Flashcards sind eine effektive Methode, um Informationen zu wiederholen und zu festigen. Sie werden in verschiedenen Lernumgebungen, von Klassenzimmern bis zum Selbststudium, eingesetzt. Ihre kompakte Form ermöglicht eine gezielte Konzentration auf spezifische Lerninhalte. Hier sind detaillierte Schritte, wie du Flashcards effektiv erstellen und verwenden kannst:

- Schritt 1: *Thema auswählen:* Beginne, indem du das spezifische Thema auswählst, das du auf den Flashcards abdecken möchtest. Es könnte ein

Schlüsselkonzept, eine Definition, eine Formel oder eine kurze Information sein.

- Schritt 2: *Frage und Antwort formulieren:* Auf einer Seite der Flashcard formulierst du eine klare Frage zum gewählten Thema. Auf der Rückseite notierst du die entsprechende Antwort. Dies fördert das aktive Abrufen von Informationen.

- Schritt 3: *Kompaktheit bewahren:* Halte die Informationen auf den Flashcards kurz und prägnant. Der Fokus liegt auf der Klarheit und leicht verständlichen Formulierung von Fragen und Antworten.

- Schritt 4: *Vielseitigkeit nutzen:* Flashcards können für verschiedene Lernzwecke verwendet werden. Ob Vokabeln, Formeln oder Fakten – die Vielseitigkeit dieses Instruments ermöglicht es, unterschiedliche Arten von Informationen effektiv zu vermitteln.

- Schritt 5: *Wiederholung integrieren:* Nutze regelmäßige Wiederholung, um sicherzustellen, dass die Informationen langfristig im Gedächtnis bleiben. Durch systematische Überprüfung steigerst du den Lernerfolg.

- Schritt 6: *Interaktives Lernen:* Flashcards können alleine oder in Gruppen verwendet werden. Gemeinsames Lernen mit anderen ermöglicht den Austausch von Wissen und fördert interaktives Lernen.

- Schritt 7: *Visualisierung einbeziehen:* Ergänze deine Flashcards bei Bedarf mit Diagrammen, Grafiken oder Abbildungen, um visuelle Elemente in den Lernprozess zu integrieren. Dies kann das Verständnis fördern.

- Schritt 8: *Kategorisierung und Organisation:* Ordne deine Flashcards nach Themen oder Schwierigkeitsgrad, um einen strukturierten Lernprozess zu gewährleisten. Dies erleichtert das gezielte Training bestimmter Bereiche.

- Schritt 9: *Flexibilität bewahren:* Flashcards sind anpassbar und können leicht aktualisiert oder erweitert werden. Wenn sich Informationen ändern oder neue hinzukommen, passt du deine Flashcards entsprechend an.

Die Nutzung von Flashcards ist vielseitig und reicht von der Prüfungsvorbereitung über das Sprachenlernen bis hin zur Vertiefung von Fachwissen. Durch die kompakte Struktur ermöglichen Flashcards ein gezieltes und effizientes Lernen. Sie dienen als tragbares Instrument für das individuelle und interaktive Lernen in verschiedenen Bildungsbereichen.

DIE KUNST DER KLAREN ERKLÄRUNG: FEYNMAN-TECHNIK

Die Feynman-Technik ist eine raffinierte Methode, um sicherzustellen, dass du ein Konzept nicht nur auswendig lernst, sondern es wirklich verstehst. Benannt nach dem Physiker Richard Feynman, ist diese Technik besonders effektiv, um ein tiefes Verständnis für komplexe Themen zu entwickeln. Hier sind die Schritte, wie du die Feynman-Technik anwenden kannst:

- Schritt 1: *Wähle ein Konzept aus:* Entscheide dich für das Konzept oder den Begriff, den du verstehen möchtest. Dies könnte eine Formel, eine Theorie oder ein komplexes Thema sein.

- Schritt 2: *Erkläre es einfach:* Versuche, das Konzept in einfachen Worten zu erklären, als würdest du es jemandem beibringen, der überhaupt keine Vorkenntnisse zu dem Thema hat. Verwende dabei alltägliche Worte und vermeide Fachbegriffe.

- Schritt 3: *Identifiziere Lücken und Unklarheiten:* Während du das Konzept erklärst, achte auf Bereiche, in denen deine Erklärung stockt oder du ins Stocken gerätst. Diese Stellen zeigen Lücken oder Unklarheiten in deinem Verständnis.

- Schritt 4: *Kehre zum Ursprung zurück:* Gehe zurück zu den Materialien oder Quellen und fülle die Lücken in deinem Verständnis. Vertiefe dein Wissen in den Bereichen, die dir nicht klar waren.

- Schritt 5: *Vereinfache und wiederhole:* Verwende die neu gewonnenen Erkenntnisse, um das Konzept erneut zu erklären. Vereinfache die Darstellung weiter und wiederhole den Prozess, bis du das Thema mühelos und verständlich erklären kannst.

Versuche, ein Konzept in einfachen Worten zu erklären, als ob du es jemandem beibringen würdest. Dies fördert ein tiefes Verständnis des Materials, da du gezwungen bist, das Konzept in verständlichen Termini zu durchdringen und sicherzustellen, dass du alle Aspekte klar verstehst. Die bewusste Anstrengung, ein Thema so zu präsentieren, als wäre man selbst der Lehrer, ermöglicht es, verborgene Wissenslücken zu entdecken und das Verständnis zu vertiefen. Die Feynman-Technik ist somit nicht nur eine Methode des Lernens, sondern auch ein Werkzeug zur Selbstüberprüfung und Vertiefung des Wissens.

DAS GEDÄCHNIS MEISTERN:MNEMOTECHNIKEN

Das Gedächtnis kann trainiert und gestärkt werden, und dazu gibt es verschiedene Mnemotechniken. Wir werden diese Methoden kennenlernen, die es dir ermöglichen, Informationen leichter zu behalten, sei es durch Assoziationen, Eselsbrücken oder andere clevere Tricks. Die Verbesserung des Gedächtnisses ist ein wichtiger Schritt auf deiner Bildungsreise. Es gibt verschiedene Mnemotechniken und Gedächtnistricks, die dir helfen können, Informationen leichter zu behalten.

Hier sind einige dieser Methoden im Detail:

- *Assoziationen:* Eine der effektivsten Mnemotechniken ist die Verknüpfung neuer Informationen mit bereits bekannten. Stelle dir vor, du möchtest dir eine Liste von Begriffen merken. Du könntest jeden Begriff mit einem Bild oder einer Situation verknüpfen, die für dich persönlich bedeutungsvoll ist. Zum Beispiel, um die Reihenfolge der Planeten im Sonnensystem zu merken, könntest du dir vorstellen, wie du eine "Mercedes"-Limousine auf der Sonne fährst

- *Eselsbrücken sind hilfreiche Gedächtnisstützen.* Sie funktionieren, indem sie den ersten Buchstaben jedes Elements, das du dir merken möchtest, zu einem leicht zu merkenden Wort oder Satz zusammenfassen. Ein klassisches Beispiel ist die Eselsbrücke, um die Reihenfolge der Himmelsrichtungen zu merken: "Nie Ohne Seife Waschen" (Norden, Osten, Süden, Westen).

- *Akrostichon:* Ein Akrostichon ist eine Erinnerungshilfe, bei der der Anfangsbuchstabe jeder zu merkenden Information zu einem Wort oder Satz zusammengefasst wird. Zum Beispiel könntest du dir die Farben des

Regenbogens mit dem Akrostichon "VGBORI" für Violett, Grün, Blau, Orange, Rot und Indigo merken.

- *Gedächtnispaläste:* Die Methode des Gedächtnispalasts beinhaltet das Erstellen einer Vorstellung von einem vertrauten Ort, den du gut kennst, wie z. B. deinem Zuhause. Du kannst Informationen in verschiedenen Räumen oder auf verschiedenen Möbelstücken im Gedächtnispalast ablegen und dir vorstellen, wie du durch diesen Ort gehst, um die Informationen abzurufen.

- *Wiederholung und Organisation:* Regelmäßige Wiederholung der zu merkenden Informationen ist entscheidend. Du kannst Informationen in kürzeren Intervallen wiederholen, um das Langzeitgedächtnis zu stärken. Darüber hinaus ist die Organisation der Informationen in klar strukturierten Kategorien hilfreich.

- *Visualisierung:* Das Erstellen von mentalen Bildern zu den Informationen, die du dir merken möchtest, kann helfen, sie besser zu behalten. Je lebhafter und einprägsamer das Bild ist, desto besser wird es im Gedächtnis haften bleiben.

- *Geschichten erzählen:* Das Umwandeln von Informationen in Geschichten kann eine effektive Möglichkeit sein, sich an sie zu erinnern. Die menschliche Natur neigt dazu, sich gut an Geschichten zu erinnern.

Diese Gedächtnistechniken können je nach deinem individuellen Lernstil und deinen Vorlieben angepasst werden. Indem du verschiedene Methoden ausprobierst, findest du heraus, welche für dich am besten funktioniert, um

Informationen effektiv zu behalten und auf deiner Bildungsreise erfolgreich zu sein.

LERNEN IM TEAM: LERNGRUPPEN

Gemeinsames Lernen in Gruppen bietet eine dynamische und interaktive Möglichkeit, Wissen zu vertiefen und den Lernprozess zu bereichern. Die Vorteile von Lerngruppen sind vielfältig. Sie ermöglichen diverse Perspektiven, fördern soziale Unterstützung und nutzen effektiv die Ressourcen jedes Mitglieds.
Bei der Strukturierung von Lerngruppen ist es wichtig, klare Ziele zu setzen und Verantwortlichkeiten zu verteilen. Dies hilft, den Fokus zu behalten und die Effizienz zu steigern. Innerhalb der Gruppe sollte eine aktive Kommunikation gepflegt werden. Offene Diskussionen ermöglichen den Austausch von Ideen und die Klärung von Unsicherheiten. Gemeinsame Problemlösung fördert den kreativen Prozess und steigert das Verständnis.
Effektive Kommunikation ist entscheidend, um Missverständnisse zu vermeiden. Klare Kommunikationskanäle und eine offene Feedbackkultur tragen dazu bei, dass Informationen transparent übertragen werden. Die Vorbereitung jedes Gruppenmitglieds ist unerlässlich. Eigenständige Vorbereitung vor Treffen gewährleistet effektive Diskussionen und Zusammenarbeit.
Die Bewältigung von Herausforderungen ist ein integraler Bestandteil von Lerngruppen. Effizientes Zeitmanagement ist entscheidend, um sicherzustellen, dass genügend Zeit für individuelle Vorbereitung und Gruppenarbeit bleibt. Konflikte können auftreten, aber eine offene Kommunikation ist der Schlüssel zur Lösung.
Insgesamt bieten Lerngruppen eine inspirierende Umgebung, in der Lernen zu einem gemeinsamen Prozess wird. Die Kollektivintelligenz der Gruppe ermöglicht ein tieferes Verständnis, gemeinsame Problemlösung und die Bewältigung von Herausforderungen.

DIE MODERNE INTEGRATION: TECHNOLOGIE IM LERNPROZESS

In der heutigen Zeit der digitalen Innovation bieten sich vielfältige Chancen, um den Lernprozess zu bereichern und zu optimieren. Wir werden gemeinsam erforschen, wie du digitale Werkzeuge und Ressourcen geschickt einsetzen kannst, um Wissen effizient zu erwerben und zu festigen.

Hier sind einige spannende Wege, wie moderne Technologie das Lernen auf ein neues Niveau heben kann:

●*Online-Kurse und E-Learning-Plattformen:* Das Internet bietet Zugang zu einer Fülle von Online-Kursen und E-Learning-Plattformen, auf denen du praktisch jedes Thema studieren kannst, das dich interessiert. Diese Kurse umfassen oft Video-Lektionen, interaktive Übungen und Zugang zu Fachexperten.

● *Lern-Apps:* Es gibt eine Vielzahl von Lern-Apps, die auf Smartphones und Tablets verfügbar sind. Diese Apps können dabei helfen, die Konzentration und das Verständnis zu verbessern. Sie reichen von Vokabeltrainern und Mathematikübungen bis hin zu Apps, die dir bei der Planung und Organisation deines Lernens helfen.

●*Online-Bibliotheken* und wissenschaftliche Datenbanken: Das Internet beherbergt riesige digitale Bibliotheken und wissenschaftliche Datenbanken, die den Zugriff auf Tausende von Büchern, Forschungsarbeiten und Artikeln ermöglichen. Dies ist eine unschätzbare Ressource für vertiefte Recherche und das Sammeln von Informationen.

●*Soziale Medien und Diskussionsforen:* Plattformen wie Facebook-Gruppen, Reddit-Communities und spezialisierte Foren bieten die Möglichkeit, sich mit anderen Lernenden auszutauschen. Du kannst Fragen stellen, Ratschläge einholen und wertvolle Einblicke aus verschiedenen Perspektiven erhalten.

●*Videokonferenz- und Kollaborationstools:* Videokonferenz-Tools wie Zoom oder Microsoft Teams ermöglichen es, Lerngruppen zu organisieren und sich mit Lehrern und Mitlernenden in Echtzeit auszutauschen. Dies ist besonders in Zeiten des Fernunterrichts von Vorteil.

●*Mind-Mapping-Software:* Digitale Mind-Mapping-Tools helfen beim Organisieren von Gedanken, Ideen und Informationen. Sie sind nützlich, um komplexe Konzepte zu visualisieren und Zusammenhänge besser zu verstehen.

●*Automatisierte Lernplattformen:* Adaptive Lernplattformen verwenden künstliche Intelligenz, um den Lernfortschritt zu verfolgen und personalisierte Lernmaterialien anzubieten. Diese Plattformen passen sich deinem individuellen Lernstil an und bieten maßgeschneiderte Übungen und Inhalte.

●*Podcasts und Webinare:* Podcasts und Webinare bieten die Möglichkeit, Wissen in Audio- und Videoformaten aufzunehmen. Du kannst Themen von Experten hören und dabei multitaskingfähig lernen, z. B. während des Pendelns.

Die moderne Welt bietet zweifellos zahlreiche Möglichkeiten, das Lernen zu optimieren und an die individuellen Bedürfnisse anzupassen. Die Verwendung dieser digitalen Werkzeuge eröffnet dir die Möglichkeit, effizienter und effektiver Wissen zu erwerben und auf deiner Bildungsreise erfolgreich voranzukommen.

DIE KUNST DER AUSWAHL:DEINE MAßGESCHNEIDERTE LERNSTRATEGIE

Die Wahl der richtigen Lernmethode ist entscheidend für deinen Bildungserfolg. Wir werden gemeinsam erkunden, wie du deine individuellen Lernpräferenzen erkennst und deine eigene maßgeschneiderte Lernstrategie entwickelst. Ziel ist es, eine effektive Methode zu finden, die perfekt zu deinem einzigartigen Lernstil passt und dir ermöglicht, motiviert und effizient zu lernen.

- *Identifikation der Lernpräferenzen:* Zuerst ist es wichtig, deine individuellen Lernvorlieben zu erkennen. Menschen lernen auf verschiedene Weisen – visuell, auditiv oder kinästhetisch. Die Identifikation deines bevorzugten Stils ermöglicht effektivere Lernstrategien. Beispiel: Stell dir vor, du hast Schwierigkeiten, dich an Informationen aus einem langen Vortrag zu erinnern, aber du kannst dir Bilder und Grafiken leicht merken. Dies könnte darauf hinweisen, dass du ein visueller Lerner bist.

- *Anpassung der Lernstrategien:* Nach Identifikation deiner bevorzugten Lernmethode passt du deine Strategien an. Visuelle Lerner nutzen Mindmaps oder Diagramme, auditive Lerner erstellen Aufzeichnungen, und kinästhetische Lerner integrieren praktische Aktivitäten. Beispiel: Als visueller Lerner könntest du beginnen, jedes Kapitel eines Buches durch das Erstellen einer visuellen Zusammenfassung auf einer Tafel oder einem Whiteboard zu verarbeiten.

- *Experimentiere und bewerte:* Versuche verschiedene Lernstrategien und beurteile ihre Wirksamkeit. Sei bereit, Anpassungen vorzunehmen, wenn eine Methode nicht optimal funktioniert. Beispiel: Du könntest versuchen, deine Lernumgebung zu ändern und an verschiedenen Orten zu lernen, um festzustellen, ob du an einem bestimmten Ort besser lernst.

- *Kombination von Lernstrategien:* Häufig sind Kombinationen von Lernmethoden effizienter. Als visueller Lerner kannst du dennoch von Diskussionen mit auditiven Lernern profitieren, um dein Verständnis zu vertiefen. Beispiel: Du könntest mit einem Kommilitonen über die visuellen Zusammenfassungen sprechen, die du erstellt hast, um dein Verständnis weiter zu vertiefen.

- *Pflege deiner Lernstrategie:* Nachdem du deine individuelle Methode gefunden hast, ist es wichtig, sie beizubehalten und an neue Anforderungen anzupassen, um deine Lernmethoden zu optimieren. Beispiel: Wenn du feststellst, dass deine ursprüngliche Methode nicht mehr so effektiv ist, weil du in fortgeschrittenere Kurse übergehst, sei bereit, deine Lernstrategie entsprechend anzupassen. Es gibt keine universelle "richtige" Methode, sondern eine, die zu dir passt. Durch die Identifikation deiner Lernpräferenzen kannst du deine Bildung entsprechend deinem persönlichen Stil gestalten, indem du Methoden anpasst und kombinierst, um die ideale Strategie zu entwickeln.

VERKNÜPFUNG VON LERNMETHODEN UND ZEITMANAGEMENT

Die Auswahl der richtigen Lernmethode in Verbindung mit dem passenden Zeitmanagement hängt von verschiedenen Faktoren ab, einschließlich deiner individuellen Lernziele, deines Lernstils, der verfügbaren Zeit und der Komplexität des Themas.

Hier sind einige Beispiele, wie du bestimmte Lernmethoden mit unterschiedlichen Zeitmanagementansätzen kombinieren könntest:

- *Kurze Zeitfenster und schnelle Lernerfolge:* Wenn du nur kurze Zeitfenster für das Lernen hast, zum Beispiel zwischen den Unterrichtsstunden oder während einer kurzen Pause, könntest du effektive Techniken wie die Pomodoro-Technik anwenden. Diese Methode unterteilt deine Lernzeit in intensive, konzentrierte Phasen (z. B. 25 Minuten) und kurze Pausen. Sie ist ideal, um in kurzer Zeit viel zu erreichen.

- *Langfristige Prüfungsvorbereitung:* Wenn du dich auf eine Prüfung oder ein größeres Projekt vorbereitest und über einen längeren Zeitraum lernen musst, ist ein langfristiger Zeitplan erforderlich. In diesem Fall könntest du eine Methode wählen, die es dir ermöglicht, den Lehrstoff nach und nach zu bewältigen, wie beispielsweise das Cornell-Methode des aktiven Lesens.

- *Komplexe Themen und tiefgehendes Verständnis*: Für anspruchsvolle oder komplexe Themen, bei denen ein tieferes Verständnis erforderlich ist, könntest du die Methode des vertieften Verstehens anwenden. Dies erfordert Zeit und Geduld, aber ermöglicht ein tiefes Verständnis des Materials. Daher ist eine langfristige Planung und die Aufteilung des Lernens in mehrere Sitzungen notwendig.

• *Priorisierung und flexible Anpassung:* Wenn du eine Vielzahl von Aufgaben und Fächern jonglieren musst, ist Flexibilität entscheidend. Du könntest eine Methode wie das Eisenhower-Prinzip verwenden, um deine Aufgaben nach Dringlichkeit und Wichtigkeit zu priorisieren und dann die entsprechende Lernmethode auswählen.

• *Kontinuierliche Überwachung und Anpassung:* Während deines Lernprozesses ist es wichtig, deine Fortschritte zu überwachen und deine Methoden und Zeitmanagementansätze bei Bedarf anzupassen. Du könntest regelmäßige Reflexionszeiten in deinen Zeitplan einbauen, um zu überlegen, was gut funktioniert und was verbessert werden kann.

Die richtige Kombination von Lernmethode und Zeitmanagement hängt von deinen individuellen Umständen ab. Es ist sinnvoll, verschiedene Ansätze auszuprobieren und im Laufe der Zeit herauszufinden, welche am besten zu deinem Lernstil und deinen Zielen passt.

Kapitel 4: Nacharbeiten und Wiederholung

Die Nacharbeit ist ein entscheidender Schritt auf deinem Weg zu erfolgreichem Lernen. In diesem Kapitel werden wir uns eingehend mit der Bedeutung der Nacharbeit befassen und verstehen, dass sie weit über das einfache Durchgehen von Notizen hinausgeht. Sie ist der Schlüssel, um das Gelernte tief zu verankern und es in deinem Gedächtnis zu festigen. Hier erfährst du, warum dieser Prozess so wichtig ist und wie er dazu beiträgt, dein Wissen zu festigen und zu verinnerlichen.

- *Vertiefung des Verständnisses:* Die Nacharbeit ermöglicht es dir, dein Verständnis eines Themas zu vertiefen. Während des ursprünglichen Lernens konzentrierst du dich darauf, neue Informationen aufzunehmen. Durch die Nacharbeit hast du die Gelegenheit, das Gelernte erneut zu durchdenken, offene Fragen zu klären und eventuell neue Zusammenhänge zu erkennen. Beispiel: Wenn du ein komplexes mathematisches Konzept gelernt hast, kann die Nacharbeit dir dabei helfen, es mehrmals zu wiederholen und dabei schrittweise die Details zu vertiefen.

- *Langfristiges Behalten:* Die menschliche Erinnerung ist oft flüchtig, und Informationen können im Laufe der Zeit verblassen. Die Nacharbeit hilft dabei, das Gelernte in dein Langzeitgedächtnis zu übertragen. Wenn du Informationen wiederholst und auf unterschiedliche Weisen präsentierst, verankerst du sie tiefer in deinem Gedächtnis. Beispiel: Wenn du eine Sprache lernst, hilft dir die regelmäßige Nacharbeit, Vokabeln und Grammatikregeln langfristig zu behalten.

• *Verknüpfung von Wissen:* Die Nacharbeit ermöglicht es dir, neues Wissen mit bestehendem Wissen zu verknüpfen. Das Schaffen von Verbindungen zwischen verschiedenen Konzepten oder Informationen ist ein Schlüsselaspekt des tiefen Verstehens. Während der Nacharbeit kannst du feststellen, wie das neue Wissen zu dem passt, was du bereits weißt. Beispiel: Wenn du Geschichte studierst, kannst du durch das Rekapitulieren historische Ereignisse miteinander verknüpfen und so ein umfassenderes Verständnis der Geschichte entwickeln.

• *Festigung von Fähigkeiten:* Neben dem Lernen von Fakten und Konzepten ist die Nacharbeit auch entscheidend für die Festigung von Fähigkeiten. Ob es sich um das Spielen eines Musikinstruments, das Programmieren von Computern oder das Üben von mathematischen Problemen handelt, die Nacharbeit ermöglicht es dir, deine Fähigkeiten zu verbessern und zu perfektionieren. Beispiel: Wenn du ein Instrument spielst, wirst du durch das regelmäßige Üben und die Nacharbeit deine Spieltechnik und musikalische Fähigkeiten stetig verbessern.

• *Selbstüberwachung:* Die Rekapitulation bietet dir die Gelegenheit zur Selbstüberwachung. Du kannst beurteilen, wie gut du das Gelernte verstanden hast und welche Bereiche noch vertieft werden müssen. Dies ermöglicht dir, gezielt an deinen Schwächen zu arbeiten. Beispiel: In einem Mathematikkurs kannst du feststellen, welche Arten von Problemen du gut verstehst und bei welchen du noch Schwierigkeiten hast. Auf dieser Grundlage kannst du gezielt Übungen durchführen.

• *Verinnerlichung durch Wiederholung:* Die Wiederholung ist ein wichtiger Aspekt der Nacharbeit. Indem du Informationen wiederholst, machst du sie zu einem festen Bestandteil deines Wissens. Die

Wiederholung durch Nacharbeit hilft, Informationen in deinem Gedächtnis zu verinnerlichen. Beispiel: Wenn du für eine Prüfung lernst, ist das Wiederholen von Schlüsselkonzepten und -fakten in der Nacharbeit entscheidend, um sicherzustellen, dass du sie während der Prüfung abrufen kannst.

Die Nacharbeit ist also weitaus mehr als nur ein oberflächliches Wiederholen von Inhalten. Sie ist ein integraler Bestandteil des Lernprozesses, der dir hilft, dein Wissen zu vertiefen, langfristig zu behalten und auszubauen.

SCHLÜSSEL ZUR NACHHALTIGKEIT: STRATEGIEN ZUR EFFEKTIVEN WIEDERHOLUNG

Die Fähigkeit, das Gelernte effektiv zu wiederholen, ist ein Schlüssel zum langfristigen Erfolg in deiner Bildungsreise. In diesem Abschnitt werden wir verschiedene Strategien zur optimalen Wiederholung des Gelernten erkunden. Diese Methoden zielen darauf ab, das Vergessen zu minimieren und sicherzustellen, dass du das Gelernte nicht nur kurzfristig, sondern auch langfristig behältst. Du wirst lernen, wie du diese Techniken in deinen täglichen Lernprozess integrieren kannst, um nachhaltigen Erfolg zu erzielen.

●*Spaced Repetition (gestaffelte Wiederholung):* Die Methode der gestaffelten Wiederholung basiert auf wissenschaftlichen Prinzipien des menschlichen Gedächtnisses. Anstatt Informationen kontinuierlich zu wiederholen, werden sie zu bestimmten Zeitpunkten wiederholt. In der Praxis bedeutet das, dass du Informationen in sich vergrößernden Intervallen wiederholst. Dies optimiert den Lernprozess, da du dich stärker auf die Informationen konzentrierst, die deinem Vergessen am nächsten sind. Beispiel: Wenn du Vokabeln einer neuen Sprache lernst, könntest du sie an den ersten Tagen täglich wiederholen. Dann könntest du die Wiederholungen auf wöchentliche Intervalle ausdehnen. Dies hilft, die Vokabeln langfristig zu behalten.

●*Aktive Wiederholung:* Aktive Wiederholung bedeutet, das Gelernte in eigenen Worten zu wiederholen. Anstatt einfach Notizen oder Texte nochmals durchzulesen, versuchst du, die Informationen in deinen eigenen Worten wiederzugeben. Dies zwingt dich, das Verständnis zu vertiefen und sicherzustellen, dass du die Konzepte wirklich verinnerlicht hast. Beispiel: Wenn du ein Buch gelesen hast, versuche, das Gelesene einem Freund oder einer Freundin zu erklären, ohne auf deine Notizen zurückzugreifen. Dies wird dein Verständnis überprüfen und festigen.

●*Aktive Anwendung:* Die aktive Anwendung des Gelernten ist eine der wirksamsten Methoden zur Wiederholung. Anstatt nur zu lernen, wie etwas funktioniert, wendest du es praktisch an. Dies kann durch das Lösen von Problemen, das Schreiben von Essays oder das Anwenden von Konzepten in realen Situationen erfolgen.Beispiel: Wenn du Informatik studierst, programmiere selbständig kleine Anwendungen oder Projekte, anstatt nur theoretisches Wissen zu erwerben. Die praktische Anwendung vertieft dein Verständnis erheblich.

●*Visuelle Wiederholung:* Die Verwendung von visuellen Hilfsmitteln, wie Mindmaps, Diagrammen oder Zeichnungen, kann eine effektive Methode zur Wiederholung sein. Visuelle Reize helfen, das Gedächtnis zu aktivieren und Informationen besser zu behalten. Beispiel: Wenn du für Chemie lernst, erstelle ein visuelles Diagramm der Periodentabelle und notiere wichtige Elemente und ihre Eigenschaften. Betrachte es regelmäßig, um dein Wissen zu wiederholen.

•*Testen und Selbstüberprüfung:* Das Testen deines Wissens durch Selbsttests oder Quizfragen ist eine großartige Möglichkeit, dein Gedächtnis zu prüfen und gleichzeitig zu wiederholen. Die Selbstüberprüfung hilft dir, zu erkennen, welche Bereiche noch verstärkte Wiederholung erfordern.
Beispiel: Wenn du dich für Geschichte vorbereitest, erstelle Quizfragen zu wichtigen Ereignissen und Persönlichkeiten. Versuche, diese Fragen regelmäßig zu beantworten, um dein Geschichtswissen zu festigen.

Die Wiederholung des Gelernten ist von entscheidender Bedeutung, um sicherzustellen, dass Informationen nicht im Gedächtnis verblassen. Die oben genannten Strategien, insbesondere die gestaffelte Wiederholung, helfen dabei, Informationen langfristig zu behalten und die Effektivität deines Lernprozesses zu steigern. Indem du diese Methoden in deinen Bildungsalltag integrierst, wirst du in der Lage sein, dein Wissen besser zu behalten und kontinuierlich zu vertiefen.

NACHARBEITEN ALS VERANKERUNG DES LERNENS

Die Bedeutung des Nacharbeitens erstreckt sich weit über den Moment des ursprünglichen Lernens hinaus und wir werden in diesem Kapitel erkennen, dass es eine nachhaltige Investition in deine Bildung darstellt. Das Nacharbeiten ist der Schlüssel zur Verankerung des Gelernten in deinem Gedächtnis und zur Schaffung eines festen Fundaments für zukünftiges Wissen. Du wirst feststellen, dass das Wissen, das du durch Nacharbeiten vertiefst, zu einem verlässlichen

Begleiter auf deinem Bildungspfad wird, der dir in vielen Situationen nützlich sein wird.

●*Das Verankern von Wissen:* Nacharbeiten hilft, Informationen in deinem Gedächtnis zu verankern. Es ist vergleichbar mit dem Pflanzen eines Samens, der wächst und zu einem Baum heranreift. Das Wissen, das du durch Nacharbeiten verankerst, wird Teil deines Langzeitgedächtnisses und kann über Jahre hinweg abgerufen werden. Beispiel: Wenn du Mathematik lernst und regelmäßig nacharbeitest, wie man bestimmte Gleichungen löst, wird dieses Wissen in deinem Gedächtnis verankert und kann dir in späteren Mathematikkursen und im praktischen Leben nützlich sein.

● *Vorbereitung auf zukünftiges Wissen:* Durch das Nacharbeiten von Materialien bereitest du dich unbewusst auf zukünftige Lerninhalte vor. Ein solides Fundament des bereits Gelernten erleichtert das Verständnis komplexerer Konzepte in der Zukunft. Beispiel: Wenn du Geschichte studierst und die Grundlagen der Weltgeschichte nacharbeitest, wirst du besser vorbereitet sein, um komplexe historische Ereignisse und Entwicklungen zu verstehen.

●*Lernen wird effizienter:* Das Nacharbeiten ermöglicht es dir, effizienter zu lernen. Da bereits gelernte Informationen gefestigt sind, kannst du dich auf neue Lerninhalte konzentrieren, anstatt Zeit darauf zu verschwenden, wiederholendes Material erneut zu lernen. Beispiel: Wenn du Medizin studierst und das Wissen über Anatomie nacharbeitest, musst du dich nicht jedes Mal von Grund auf mit diesem Thema befassen, wenn es in anderen Kursen oder in der klinischen Praxis relevant wird.

- *Kontinuierliche Verbesserung:* Das Nacharbeiten ermöglicht es dir, Wissenslücken zu schließen und kontinuierlich zu lernen und zu verbessern. Es ist ein Prozess, der dich befähigt, dein Wissen immer weiter auszubauen. Beispiel: Wenn du Informatik studierst und regelmäßig das Nacharbeiten von Algorithmen praktizierst, wirst du dich kontinuierlich in diesem Bereich verbessern und neue Technologien leichter verstehen.

- *Anwendung im Leben:* Das Wissen, das du durch das Nacharbeiten vertiefst, kann nicht nur im schulischen oder beruflichen Umfeld, sondern auch im alltäglichen Leben angewendet werden. Es wird zu einem verlässlichen Werkzeug, um Herausforderungen zu meistern und Lösungen zu finden. Beispiel: Wenn du Finanzwissen nacharbeitest, wirst du besser in der Lage sein, persönliche Finanzentscheidungen zu treffen und wirtschaftliche Herausforderungen zu bewältigen.

- *Selbstbewusstsein und Selbstvertrauen:* Die Verankerung des Gelernten durch das Nacharbeiten stärkt dein Selbstbewusstsein und Selbstvertrauen. Du weißt, dass du auf ein tiefes Wissen und ein starkes Fundament zurückgreifen kannst. Beispiel: Wenn du Fremdsprachenkenntnisse nacharbeitest und sicher bist, dass du die Grundlagen dieser Sprache beherrschst, wirst du selbstbewusster in Gesprächen und im Umgang mit Menschen, die diese Sprache sprechen.

Das Nacharbeiten ist somit eine Investition in deine Bildung, die sich auf lange Sicht auszahlt. Das verankerte Wissen wird zu einem verlässlichen Begleiter auf deinem Bildungspfad und wird dir in vielen Situationen nützlich sein. Es stärkt nicht nur dein Selbstbewusstsein und Selbstvertrauen, sondern bereitet dich auch auf zukünftiges Wissen vor und macht das Lernen effizienter. Das Gelernte wird Teil deines Gedächtnisses und deines Lebens, und diese Investition wird sich immer wieder auszahlen.

Kapitel 5: Eltern als Lernunterstützer

Als Lerncoach ist es mir ein Herzensanliegen aufzuzeigen, wie Eltern ihre Kinder bestmöglich auf ihrer Bildungsreise begleiten können.

Diese sind mehr als nur stille Beobachter im Bildungsweg ihrer Kinder. Sie sind Schlüsselakteure, wenn es darum geht, eine unterstützende Lernumgebung zu schaffen, die die Neugier und den Wissensdurst ihrer Kinder fördert.

Die Beziehung zwischen Eltern und Kindern ist eine der ersten und prägendsten, die Kinder in ihrem Leben haben. Eltern sind die ersten Lehrer und Vorbilder ihrer Kinder. Ihre Haltung gegenüber Bildung, Lernen und Wissen prägt die Sichtweise ihrer Kinder auf diese Themen. Indem Erziehungsberechtigte eine positive Einstellung zum Lernen pflegen und den Wert von Bildung demonstrieren, beeinflussen sie nachhaltig die Lernmotivation ihrer Kinder.

Ein zentraler Schwerpunkt dieses Kapitels ist die Erkundung konkreter Strategien, wie Eltern ihre Kinder wirksam beim Lernen unterstützen können.

Eine solche Strategie ist die Gestaltung eines geeigneten Lernraums zu Hause. Dieser Raum sollte ruhig, inspirierend und frei von Ablenkungen sein, ausgestattet mit Ressourcen wie Büchern, Schreibmaterialien und einem Computer. Er schafft die idealen Bedingungen, um sich zu konzentrieren und selbstständig zu arbeiten.

Ein weiterer wesentlicher Schritt besteht darin, gemeinsam Lernziele festzulegen. Hierbei setzen Eltern und Kinder realistische Ziele, die sowohl kurzfristige als auch langfristige Perspektiven umfassen. Die Identifizierung von Zielen unterstützt Kinder nicht nur dabei, ihren Fortschritt zu verfolgen, sondern vermittelt ihnen auch den Wert ihres Lernens. Eltern können ihren Kindern bei der Planung und Umsetzung dieser Ziele aktiv zur Seite stehen. In regelmäßigen Treffen setzen ein Elternteil und das Kind gemeinsam schulische Ziele für das Kind fest. Gemeinsam erarbeiten sie realistische Ziele, die sowohl kurzfristige

Fortschritte als auch langfristige Perspektiven abdecken. Das Kind erkennt, dass seine Anstrengungen Früchte tragen, da es die Meilensteine erreicht, die es gemeinsam mit seinem Elternteil festgelegt hat. Dies hilft dem Kind, den Wert seines Lernens zu schätzen und seine Motivation aufrechtzuerhalten.

Die Förderung von eigenständigem Denken ist ein weiterer Schlüsselaspekt. Eltern können ihre Kinder ermutigen, unabhängiges Denken zu entwickeln und eigenverantwortlich zu handeln. Dies fördert nicht nur kritisches Denken, sondern auch die Fähigkeit, Probleme eigenständig zu lösen. Kinder lernen, Fragen zu stellen, Zusammenhänge zu erkennen und kreative Lösungen für Herausforderungen zu finden. So kann ein Elternpaar ihr Kind ermutigen, eigene Lösungen für alltägliche Probleme zu finden. Wenn das Kind auf ein Hindernis stößt, regen es die Eltern an, kritisch zu denken und verschiedene Lösungsansätze zu erkunden. Auf diese Weise entwickelt das Kind die Fähigkeit, Probleme eigenständig zu bewältigen und gewinnt Selbstvertrauen.

Auch steht die Erforschung von Interessen im Fokus. Eltern können ihren Kindern dabei helfen, ihre Interessen zu erkunden und ihre Talente zu entwickeln. Die Identifizierung von Leidenschaften kann dazu beitragen, eine lebenslange Neugier aufrechtzuerhalten und Bildung als ein anhaltendes Abenteuer zu betrachten.Die Eltern unterstützen ihre Kinder bei der Entdeckung ihrer Interessen.

Eltern können ihren Kindern auf verschiedene Weisen helfen, mit Schulstress umzugehen. Es beginnt oft mit offener Kommunikation. Diese enge Beziehung und das Zuhören können dazu beitragen, Stressfaktoren zu identifizieren und emotionalen Beistand zu bieten.

Ein weiterer wichtiger Aspekt ist die Festlegung realistischer Erwartungen. Dabei sollte darauf geachtet werden, keine übermäßigen Erwartungen an die Kinder zu stellen, da dieser Druck zu erhöhtem Stress führen kann.

Es ist auch von Bedeutung, dass Kinder lernen, mit Fehlern und Rückschlägen umzugehen. Dabei können sie ermutigt werden, Fehler als Teil des Lernprozesses zu betrachten, anstatt sie als Versagen zu interpretieren. Dies kann dazu beitragen, den Druck zu mindern und das Selbstbewusstsein zu stärken.

Zusätzlich sollten Kinder lernen, wie sie mit Stress umgehen können. Dies kann durch Stressbewältigungsstrategien wie Atemübungen, Meditation oder das Führen eines Tagebuchs geschehen. Diese Techniken helfen dabei, Stress abzubauen und die emotionale Gesundheit zu stärken.

Nicht zuletzt steht die Erforschung von Interessen im Fokus. Eltern können ihren Kindern dabei helfen, ihre Interessen zu erkunden und ihre Talente zu entwickeln. Die Identifizierung von Leidenschaften kann dazu beitragen, eine lebenslange Neugier aufrechtzuerhalten und Bildung als ein anhaltendes Abenteuer zu betrachten.Die Eltern unterstützen ihre Kinder bei der Entdeckung ihrer Interessen.

Eltern sind somit nicht nur Zuschauer, sondern entscheidende Gestalter der Bildungsreise ihrer Kinder.

Kapitel 6: Nachhilfe beim Profi

Professionelle Nachhilfe kann eine entscheidende Wendung in der Bildungsreise eines Schülers bedeuten. Die Gründe für diese Entscheidung sind vielfältig und spiegeln die individuellen Bedürfnisse und Ziele des Schülers wider. Oft wird Nachhilfe in Erwägung gezogen, um Schwierigkeiten in bestimmten Fächern zu überwinden. Diese Schwierigkeiten können unterschiedlich sein, von Verständnisschwierigkeiten des Unterrichtsstoffs bis hin zu Problemen mit den Lehrmethoden oder dem Lerntempo in der Schule. Die Entscheidung für Nachhilfe bedeutet, zusätzliche Unterstützung zu suchen, um diese Herausforderungen zu bewältigen.

Andererseits gibt es auch begabte Schüler, die nach mehr Herausforderungen suchen und ihr Wissen vertiefen möchten. Für sie kann Nachhilfe eine Möglichkeit sein, ihr intellektuelles Potenzial weiterzuentwickeln und sich in ihren bevorzugten Themenbereichen zu vertiefen. Dies ist eine großartige Gelegenheit, das Lernen zu einem aufregenden Abenteuer zu machen und die Neugierde und den Wissensdurst des Schülers zu fördern.

Es ist jedoch wichtig zu betonen, dass die Entscheidung zur Nachhilfe stets individuell getroffen werden sollte. Die Bedürfnisse, Ziele und Voraussetzungen eines Schülers sind einzigartig, und die Entscheidung zur Nachhilfe sollte darauf ausgerichtet sein. Es ist entscheidend, die spezifischen Anforderungen und Erwartungen zu klären, um sicherzustellen, dass die Nachhilfe den Bedürfnissen des Schülers gerecht wird.

Die professionelle Nachhilfe bietet eine Vielzahl von unschätzbaren Vorteilen, die den Bildungsweg eines Schülers nachhaltig bereichern können. Einer der zentralen Vorteile besteht in der individuellen Aufmerksamkeit, die ein Nachhilfelehrer bieten kann. Im Gegensatz zum oft überfüllten Schulunterricht, in dem Lehrer oft nur begrenzt auf die individuellen Bedürfnisse der Schüler eingehen können, ermöglicht der Nachhilfeunterricht eine maßgeschneiderte Herangehensweise an den Lernprozess.

Der Lehrer kann den Unterricht gezielt auf die Bedürfnisse, Fähigkeiten und das Lerntempo des Schülers ausrichten. Dies bedeutet, dass der Schüler die volle Aufmerksamkeit des Lehrers erhält, was es ihm ermöglicht, Fragen zu stellen, Unsicherheiten auszuräumen und in einem Umfeld zu lernen, das frei von Ablenkungen ist. Diese individuelle Betreuung ist entscheidend, um ein tiefes Verständnis für den Unterrichtsstoff zu entwickeln und Wissenslücken zu schließen.

Ein weiterer großer Vorteil professioneller Nachhilfe liegt in der Möglichkeit, den Unterricht auf die spezifischen Bedürfnisse und Schwächen des Schülers auszurichten. Der Lehrer kann den Schülern helfen, an den Bereichen zu arbeiten, in denen sie Schwierigkeiten haben, sei es Mathematik, Sprachen, Naturwissenschaften oder andere Fächer. Diese maßgeschneiderte Unterstützung kann den Schülern helfen, ihr Wissen zu vertiefen und ihre schulischen Herausforderungen zu bewältigen.

Darüber hinaus ermöglicht die individuelle Betreuung im Rahmen der Nachhilfe auch ein eigenverantwortliches Lernen und die Förderung des Selbstvertrauens. Der Schüler kann in seinem eigenen Tempo lernen, ohne sich durch den Druck des Klassenzimmers gestresst zu fühlen. Dies fördert ein gesundes Selbstbewusstsein und den Glauben an die eigenen Fähigkeiten.

Insgesamt bietet professionelle Nachhilfe eine wertvolle Möglichkeit, das Lernen zu optimieren und das volle Potenzial eines Schülers auszuschöpfen. Sie kann nicht nur dazu beitragen, akademische Ziele zu erreichen, sondern auch die Freude am Lernen fördern. Dennoch ist die Motivation des Schülers entscheidend. Nachhilfe kann dabei helfen, das Verständnis und die Fähigkeiten eines Schülers zu verbessern, aber die Motivation, das Gelernte anzuwenden und erfolgreich zu sein, muss letztendlich vom Schüler selbst kommen. Es ist wichtig, die Schüler dazu zu ermutigen, aktiv am Lernprozess teilzunehmen und ihr eigenes Engagement für ihre Bildung zu stärken.

Zum Schluss möchte ich dazu ermutigen, über die Möglichkeit der professionellen Nachhilfe für ihre Kinder nachzudenken. Diese Form der Unterstützung kann nicht nur dabei helfen, aktuelle schulische Herausforderungen zu bewältigen, sondern auch die langfristige individuelle Entwicklung und den Bildungsweg ihrer Kinder nachhaltig fördern. Dabei ist es essenziell zu bedenken, dass die Entscheidung für professionelle Nachhilfe nicht allein auf aktuellen schulischen Schwierigkeiten basieren sollte, sondern auch langfristige Ziele und die einzigartigen Bedürfnisse der Kinder berücksichtigt werden sollten.

Für Familien, die möglicherweise mit finanziellen Herausforderungen konfrontiert sind, bietet die Förderung von Bildung und Teilhabe seitens des Staates eine Möglichkeit, diese Option finanziell zugänglicher zu gestalten. Dies kann einen bedeutenden Beitrag leisten, um Bildungschancen für alle Kinder zu verbessern und sicherzustellen, dass finanzielle Überlegungen nicht im Weg stehen, wenn es darum geht, das Beste für die schulische Entwicklung der Kinder zu wählen. Es ist ein Schritt, der nicht nur kurzfristige Hilfe bietet, sondern auch langfristig die Weichen für eine erfolgreiche schulische Entwicklung und persönliche Entfaltung stellt.

Schlusswort

Abschließend möchte ich betonen, dass die Welt des Lernens und der Bildung eine endlose Reise ist. Die in diesem Buch vorgestellten Lernmethoden und Strategien sollen dir nicht nur bei schulischen Herausforderungen helfen, sondern auch dazu beitragen, lebenslanges Lernen zu fördern. Denke daran, dass du der Regisseur deiner eigenen Bildungsreise bist. Nutze die Erkenntnisse aus diesem Buch, um dein volles Lernpotenzial auszuschöpfen und erfolgreich in allen Lebensbereichen voranzukommen. Sei geduldig mit dir selbst, denn Lernen ist ein kontinuierlicher Prozess, und es ist völlig in Ordnung, Fehler zu machen und aus ihnen zu lernen. Ich möchte dich ermutigen, eine lebenslange Neugier aufrechtzuerhalten und offen für neue Wissensgebiete und Herausforderungen zu sein. Denke daran, dass du die Fähigkeiten besitzt, die du benötigst, um erfolgreich zu lernen und zu wachsen. Lernen ist der Schlüssel zur Verwirklichung deiner Träume und Ziele. Gehe diese Reise mit Zuversicht und Begeisterung an, und du wirst erstaunt sein, wozu du in der Lage bist.

Alles Gute und viel Erfolg!
R. J. Blickling